CREDENCIALES
DEL REINO ANARQUISTA
DE LA NADA

Yona

Credenciales del Reino Anarquista de la Nada

Primera edición: 2024

ISBN: 9788410143111
ISBN eBook: 9788410143548

© del texto:
   Yona

© del diseño de esta edición:
   Caligrama, 2024
   www.caligramaeditorial.com
   info@caligramaeditorial.com

© de la imagen de cubierta:
   Shutterstock

Impreso en España – Printed in Spain

Prólogo

Reino Anarquista de la Nada... aparentemente, toda una contradicción en los términos.

¿Un rey anarquista? ¿La Nada como territorio bajo una jurisdicción? ¿Por qué un Reino?

Los tres términos tienen muchísima tradición literario-histórico-filosófica y tratados individualmente ya han generado bastante polémica, así que puestos juntos provocan que se tenga que dar una serie de explicaciones de por qué el autor intelectual, de haber reclamado este espacio, eligió el Reino como forma de Estado (ya que a la Nada se le puede denominar con alguno de estos dos últimos términos) y adoptar los principios anarquistas como forma de articularlo. Por qué un rey anarquista, en definitiva... Es ser tu propio rey y que nadie te gobierne.

Si nos ceñimos a ideología, no es posible que hablemos de un reino anarquista porque la forma de acceso de un rey al gobierno no es electiva, es más, tradicionalmente viene dado por la providencia divina, por elección de príncipes o por quedar así sancionado por ley que, como todas, es obra de gobiernos pasajeros.

El rey en este Reino Anarquista de la Nada no procede de ninguna de estas vías, simplemente era el único habitante en este reino tan amplio, variable y sin súbditos y, como tal, decidió que tenía que ser rey, pero en modo alguno absolutista de una casta real, sino el máximo representante diplomático de un reino que aspira a articularse con principios de orden natural, humanismo, solidaridad y de libertad.

Él decidió ser rey porque la idea del Reino Anarquista de la Nada fue suya y se adjetiva anarquista porque los ideales anarquistas son los que más se aproximan a su idea de la felicidad para todo ser humano bueno y libre. Además de cumplir con los ideales de bueno, libre y solidario.

Es difícil hablar de sociedad en un reino con estas características, pero es que la concepción a mayor plazo puede hacer que tenga que hablar de comunidad de representantes. Y esta comunidad es deseo del rey, y voluntad de los que la forman, que sea igualitaria y, sobre todo, libre.

Muy pronto vamos a ir viendo el origen, la extensión y la evolución del Reino Anarquista de la Nada e iremos aclarando las aparentes contradicciones.

Más adelante, bastante pronto, veremos cómo en acta notarial se denomina al rey de la Nada como soberano de una nación.

Así es como queda denominado ese espacio del universo en documento oficial.

Ahora toca definir cada uno de los tres términos que componen el nombre del reino y hacer entender que su combinación es válida pese a sus evidentes contradicciones y la historia y profundidad de las tres palabras.

Asimismo, también veremos la evolución de la idea original, el origen y la evolución y cómo podría estructurarse social y políticamente un territorio como este, la Nada con la forma de un Reino y los principios del anarquismo.

Esperamos dejar a todos satisfechos o que, por lo menos, os apetezca conocer y charlar del tema.

Bienvenido al Reino Anarquista de la Nada.

1. Concepción/origen del Reino Anarquista de la Nada

El origen del reino fue, como para casi todo, una idea. En este caso, una idea que se le ocurrió al rey del Reino Anarquista de la Nada.

Simple. Una mañana, levantó la cabeza y miró al cielo azul. El sol brillando. Un inmenso reflejo azul. Luego, por la noche, volvió a salir y volvió a levantar la cabeza hacia el cielo negro lleno de estrellas. El rey sonrió; él sabía que aquella ventana al espacio estaba llena de estrellas, todas con nombre. «Y si descubres una, puedes ponerle el nombre que quieras».

También se acordó de que el Sol y la Luna tenían dueño mediante un acta notarial de manifiesto.

Pensó en lo que sabía del universo. Galaxias, energía oscura, distancias siderales... En realidad, la inmensa mayoría del universo es un espacio vacío o lleno de nada... En ese momento germinó la idea definitiva: en ese espacio vacío no hay cuerpos celestes, ni satélites artificiales, oxígeno, luz, materia sólida, líquida, gaseosa, no hay ni gravedad, no hay nada.

Es un inmenso espacio vacío que nunca nadie ha reclamado. ¿Por qué no reivindicar la Nada para un fin? «Podría formalizar una nación sin gobiernos donde claramente existe una naturaleza anarquista de autogobierno que se puede reclamar como una nación sin senados ni políticos».

A partir de ahí se puso en marcha. Consultó la legislación vigente y los antecedentes que había: ya se habían reclamado Sol y Luna, había casos de territorios autoproclamados independientes dentro de Estados oficiales. Era tan sencillo como proclamarse soberano de todo ese espacio con una representación institucional de un territorio mediante un acta notarial. La idea era ser su propio rey y autogobernarse alejado de los políticos.

Se dispuso a crear un acta notarial de manifiesto.

Por motivo de la ley de protección de datos se omiten datos de terceros:

ACTA DE MANIFESTACIONES. ————————————

NUMERO: cuatrocientos cincuenta (450)—————

En **PINOS PUENTE,** a tres de abril de dos mil veintitrés—————————————————

Por mí y ante mí, yo **EMILIO** ▄▄▄▄▄▄ ▄▄▄▄▄, Notario del Ilustre Colegio de Andalucía y Distrito de Granada, con residencia en Pinos Puente.—————————————

HAGO CONSTAR—————————

Que con fecha de veinticinco de marzo de dos mil veintitrés se me requiere mediante remisión de correo electrónico firmado electrónicamente a mi dirección corporativa, debidamente certificado por la FNMT, para que recoja en acta las manifestaciones que va a realizar mediante videoconferencia a través de la aplicación MEET.—————————

Jonatan ▄▄▄▄▄▄▄▄▄▄▄ ▄▄▄▄▄ Valladolid Valladolid.—————————

Dicho correo me ha sido enviado desde dirección electrónica que me consta pertenece a Don Mas-
██████ mayor de edad, casado, de nacionalidad
italiana pero residente en España, empresario, do-
miciliado a estos efectos en Granada, calle Puente
██████████ con carta de identidad italiana AO-
██████ y N.I.E. número ██████████ quien actúa como Administrador Único de "██████ SERVICIOS JU-
RÍDICOS, S.L.", con igual domicilio y cuyo objeto
social es, según consta en la Escritura de Consti-
tución de la misma "La gestión y la mediación y
prestación de servicios on line o de forma presen-
cial en cuestiones jurídicas, comprendiéndose
igualmente la contratación de los profesionales que
puedan llevar a cabo las prácticas necesarias para
la defensa de los intereses de quienes contraten
los servicios de la sociedad.- Las actividades que
integran el objeto social podrán desarrollarse total o parcialmente de modo indirecto mediante la
titularidad de acciones o participaciones en Sociedades con objeto social idéntico o análogo".————

Tiene **C.I.F.** número ██████████————————

===============**ME REQUIERE**===================—

A mí el Notario, en los términos que constan

en el correo antes dicho cuyo contenido acepto, imprimo y dejo unido a esta matriz y cumplimentaré mediante diligencias sucesivas.————————————

======OTORGAMIENTO Y AUTORIZACION=====

En particular **En Relación a la Ley Orgánica de Protección de Datos personales y garantía de los derechos digitales (3/2018) y legislación que la desarrolla y el Reglamento (UE) 2016-679 del Parlamento Europero y del Consejo de 27 de Abril de 2016 relativo a la protección de las personas físicas en lo que respecta al tratamiento de datos personales y a la libre circulación de estos datos**, los comparecientes quedan informados y aceptan la incorporación de sus datos a los ficheros existentes en la Notaria, que se conservarán en la misma con carácter confidencial, sin perjuicio de las remisiones de obligado cumplimiento. Su finalidad es realizar la formalización de la presente escritura, su facturación y seguimiento posterior y las funciones propias de la actividad notarial.————————————

El Notario EMILIO M██████ ███████ █████ es el Responsable del tratamiento de los datos que se derivan de este documento público y tiene por finalidad su otorgamiento y facturación.————————————

La base legal del tratamiento es el ejercicio de la fe pública notarial en virtud de la Ley del Notariado y es necesario para el otorgamiento del documento.———————————————————————————

Así mismo el/la notario actúa en calidad de encargado de tratamiento en relación al protocolo notarial cuyo Responsable de Tratamiento es la Dirección General de los Registros y el Notariado con la finalidad de archivo de los documentos públicos del notariado y de colaboración de las Administraciones Públicas.—————————————————————

Los datos de facturación se conservarán hasta que prescriban las obligaciones fiscales. En relación al protocolo los datos se conservarán como archivo público de manera indefinida.——————————

Esta oficina notarial tiene designado un Delegado de Protección de Datos: Bufete M█████ █████, S.L.P ██████████████████████ ██████ en Paseo Pamplona nº1, 7█ ███████████————————————

Los datos se comunicarán a las Administracio-

nes Públicas, al Colegio Notarial de Andalucía o al Consejo General del Notariado cuando exista norma legal que lo ampare.————————————————————————

Usted tiene reconocido el derecho de acceso, derecho de rectificación o supresión o la limitación de su tratamiento, o a oponerse al tratamiento.————————————————————————

Se le reconoce, igualmente, el derecho a poner una reclamación ante la Agencia Española de Protección de datos como interesado.————————————————————————

Así lo hago constar en la presente acta de cuyo contenido así como de quedar extendida sobre tres folios de papel exclusivo para documentos notariales, de la misma clase y serie que el presente, números el del presente y los dos anteriores en orden correlativo, Doy fe.-sigue mi signo, firma, rubrica y sello oficial.————————————————————————

————————————————————————————————————

————————————————————————————————————

————————————————————————————————————

DILIGENCIA.- La pongo yo **EMILIO** ▮▮▮▮ ▮▮▮▮▮▮▮▮ para hacer constar que el día tres de abril de dos mil veintitrés a las diecisiete horas y trece minutos a través de la aplicación MEET, accedo a la reunión con enlace https://meet.google.com/cgz-uupd-fxo————————————————————

A la misma hora accede a la reunión:————

EL manifestante, quien dice ser DON JONATAN ▮▮▮▮▮▮▮▮ y me muestra su DNI NÚMERO ▮▮▮▮▮▮▮ ————————————————————

Le informo de mi condición de notario y de la trascendencia de sus manifestaciones por ser recogidas en la presente acta nota-rial.————————————————————

Queda enterado y manifiesta **DON JONATAN** ▮▮▮▮▮▮ **lo siguiente:**————————————

" Don Jonatan ▮▮▮▮▮▮▮▮ con numero de do-cumento de identidad nacional Español ▮▮▮▮▮▮ nacido en Valladolid España el 16 de Octubre de

1981 queda proclamado soberano del reino anarquista de la nada cuya embajada se encuentra situada en la calle ██████████████████████████ Valladolid España en la cual y según el convenio de Viena del 23 de mayo de 1969 sobre los derechos de tratados de Estados y Organizaciones Internacionales o entre orden judicial nacional ejercerá funciones diplomáticas en calidad de Rey o jefe de estado de dicha nación."————————————————

Termina mi actuación a las diecisiete horas y quince minutos.————————————

Así lo hago constar en la presente diligencia de cuyo contenido, así como de quedar extendida en el presente de papel timbrado de uso exclusivo notarial de la misma clase que el presente números el presente y el inmediato anterior en orden correlativo yo, el notario. Doy fe.- sigue mi signo, firma rubrica y sello oficial.————————————

Tendría que ser rey porque así habría una institución que representase la nación y filosofía de un país anarquista sin gobierno, donde solo hay un habitante sin súbditos, debido a que hay una embajada (que es suelo de la nada, según las leyes internacionales); en ese espacio no había nadie más.

Él había tenido la idea de reclamarlo, así que la Nada era suyo y solo suyo y, al estar su idea en esa inmensidad, se proclamaba soberano por su propia voluntad sin que una supuesta divinidad, religión o dios lo nombrase, ya que pudo haber reivindicado esa Nada como jefe de Estado (porque libremente le salió de lo más profundo del escroto), cargo de máximo dirigente y representación de una nación con un concepto jurídico y una singularidad de autonomía de su propio género o especie único e inclasificable.

2. ¿Por qué reino? ¿Por qué un rey?

La figura del rey es muy antigua. La palabra ya se recoge en lenguas como el sánscrito (la palabra «maharajá» significa, literalmente, 'el gran rey' en esta lengua indoeuropea anterior al latín) y ha habido reyes en culturas muy anteriores a la hebrea y a la cristiana.

Majestad, alteza, rey Sol... Los reyes siempre han sido figuras de máxima autoridad y han llegado a ese cargo por herencia y tradición, si revisamos la evolución de cómo llegaron al trono, vemos como su ascendencia es divina, es decir, se convirtieron en reyes por la gracia de algún dios.

Tradicionalmente, son y han sido la cúspide de la nobleza, siendo iniciadora de esta y disponiendo siempre de territorios, sirvientes y vasallos independientemente de su valía política. Tradicionalmente, hemos asociado a la figura del rey todos los atributos de una figura de máxima autoridad y han sido jueces supremos, jefes supremos del ejército y, en última instancia, sancionadora de leyes.

Con el paso del tiempo, los reyes han ido reduciendo su ámbito de poder hasta quedar bajo el poder de las leyes, conservando ciertos privilegios, pero viendo reducido su poder efectivo.

Los monarcas actuales en el mundo Occidental son todos parlamentarios, es decir, sujetos a la acción del gobierno de turno. Nada que ver con monarcas de otras épocas absolutistas y dispuestos a la conquista y a la guerra.

En este caso que nos ocupa podemos preguntarnos: ¿por qué esta extensión es un reino? Y, aún menos claro para explicar, ¿por qué un rey anarquista precisamente? Las respuestas son sencillas: es un reino porque el único habitante y soberano sin súbditos de esta nación es el rey, y es rey porque habita el espacio que representa institucionalmente esta inmensa extensión del universo en la Tierra, es decir, habita la embajada del Reino Anarquista de la Nada, que es un cuarto piso sin ascensor de menos de sesenta metros cuadrados (suelo de la nada, según leyes internacionales); por lo tanto, es el único habitante del territorio y representante de una nación guste o no guste a la sociedad y políticos, aunque por ello no deja de ser una persona compuesta de la misma materia orgánica en descomposición de siempre y eso lo sabe y comprende a la perfección.

3. ¿Por qué anarquista?

Una vez hemos aclarado por qué rey y por qué un reino, vamos a explicar por qué se le ha adjetivado anarquista y para eso es necesario hacer un repaso sobre lo que ha sido el anarquismo históricamente y por qué el rey de la Nada ha asumido sus principios ideológicos para caracterizar/articular ese territorio que ha reclamado.

Anarquismo se entiende como 'sin poder, sin dominio' en el sentido de auténtico orden. Para el anarquismo, si hay un poder legislativo, es porque obviamente no hay orden: la ley impone el orden, luego este no existe; si existiera, no habría que imponerlo. El poder enmascara el desorden y lo provoca.

El concepto del hombre para el anarquismo puede resumirse en:

- El ser humano es radical y naturalmente bueno e inocente al nacer. Si se comporta mal, habrá un motivo.

  Ejemplo: para Rousseau ese motivo era la propiedad, para Bakunin es el poder, que corrompe a quien lo ejerce y degrada a quien lo soporta.

- El ser humano es esencialmente libre: por eso el poder anula la esencia humana y corrompe al hombre. Es una libertad basada en la razón.

- El ser humano es racional: la libertad anarquista no es la libertad infantil de hacer lo que a uno se le ocurra, es la libertad de ser bueno y racional.

- El ser humano es social: la libertad no es posible sin los otros (no se puede ser libre en un mundo de esclavos o, más exactamente, la libertad de los demás es la condición de la mía...).

El objetivo del anarquismo es cambiar la sociedad presente: injusta, inmoral, inhumana, y sustituirla por otra que sea colectivista en lo económico, anárquica en lo sociopolítico y radicalmente atea.

Dios es la justificación y causa intelectual de todo poder.

Para el ideólogo principal del anarquismo M. Bakunin, la Biblia es un libro notable y meritorio, pero escrito por hombres, no admite un poder superior que condicione al ser humano.

Hay que devolver al ser humano a la naturaleza: es la ideología opuesta para quien la libertad natural es el problema y el gobierno es la solución. Para el anarquismo el gobierno es el problema y la vuelta a la naturaleza es la solución.

El resultado de aplicar estos principios daría como consecuencia un mundo sin miseria, igualitario, fraterno y con plena libertad.

Así, los grandes enemigos del anarquismo han sido el gobierno, las religiones y los ejércitos que representan la sumisión y la fuerza que oprime a la sociedad.

4. Nada como territorio nacional en espacio vacío en el universo diversas concepciones de la Nada

La Nada

El rey anarquista de la Nada denominó como «Nada» al espacio vacío del universo que queda entre cuerpos celestes, es decir, es el espacio en el cosmos donde no hay estrellas, planetas, cometas, oxígeno, luz, líquidos, gases, gravedad...

Ejemplos:

- Entre el planeta Tierra y Marte hay una distancia de 225 millones de kilómetros en los que no hay materia sólida, líquida, gaseosa ni gravedad, no hay nada.

- Entre la estrella Sol y la estrella Alfa Centauri hay una distancia de 4,37 años luz en la cual no hay materia sólida, líquida, gaseosa ni gravedad, no hay nada.

— Entre la galaxia Vía Láctea y la galaxia Andrómeda hay una distancia de 2,5 millones de años luz en la cual no hay materia sólida, líquida, gaseosa ni gravedad, no hay nada.

En el que no hay absolutamente nada.

El rey eligió un nombre para esa inmensidad vacía que se ha definido de múltiples maneras por disciplinas muy diferentes y con muchos vínculos con la religión y, de forma más general, con la poesía y la metafísica.

Hay quien contrapone la Nada al Ser Supremo, es decir, a lo perfecto, al todo..., pero no es esa la concepción de la Nada que nos ocupa.

Aquí hablamos de un espacio apreciable a simple vista en el cielo, un grandísimo lugar en el que no hay cuerpo celeste alguno, atmósfera, materia sólida, líquida, gaseosa ni siquiera gravedad.

Este espacio interestelar, vacío en su inmensa mayoría, constituye en extensión la nación más extensa y grande de todo el universo en comparación con todas las naciones actuales y con amplísima diferencia.

No reúne condiciones para desarrollar civilizaciones ni albergar vida, pero sus distancias se miden en años luz y este territorio es el que reclamó como soberano sin súbditos el rey anarquista de la Nada.

Quien diga que la nada no se puede percibir se equivoca, ya que si miras a lo denominado «cielo» un día o noche que no esté nublado, podrás ver un pequeño atisbo de lo que es esta nación, ya que no se puede cartografiar por su inmensidad. Es la nación más extensa de todo el jodido universo y puede percibirse con la simple vista desde cualquier parte del planeta de lo extensa que es.

Ejemplo de Nada en el cielo por la noche (las zonas de color negro).

Ejemplo de Nada en el cielo por el día (la zona de color azul).

Mucho antes de la creación del universo con el Big Bang, en cosmología el comienzo y punto inicial en el que se formó la materia ya existía la Nada, a excepción de ese cúmulo de gran energía que explotaría (Big Bang).

No existía ninguna forma de vida inteligente, por lo tanto, no había ideologías, políticas, religiones, leyes ni ninguna forma de gobierno.

Es por ello que la Nada es el territorio perfecto para esta forma anarquista de nación sin senados o congresos vacíos y escaños en blanco.

5. Filosofía del Reino Anarquista de la Nada

Quizás en estos momentos de desarrollo de la filosofía de estas credenciales del Reino Anarquista de la Nada convendría matizar los principios ideológicos que hacen de esta nación un lugar para un anarquismo moderno.

Es decir, hay que establecer y dejar claros los principios de este anarquismo aplicado al espacio exterior como territorio.

La idea fundamental en esta nación es el autogobierno, es decir, cada persona o individuo se gobierna a símismo, por lo tanto, nadie puede imponerse ante nadie ni coartar la libertad natural de los seres vivos.

Ejemplos de transgresiones de este principio serían:

Agredir, robar, violar, especular, obligar, coaccionar o cualquier forma de dominio u opresión contra el ser humano, la cual sería considerada dictadura, da igual de qué signo ideológico comunista o fascista, izquierda o derecha, en el momento en el que se oprimiera a hombres, mujeres y niños se considera vandalismo, terrorismo, dictadura..., ya que no se tiene consideración de la libertad de los demás semejantes.

El Reino Anarquista de la Nada no quiere asumir estructuras de gobiernos insuficientes y fácilmente corrompibles, pero sí respetar y reconocer el trabajo de los buenos profesionales capaces de hacer, mediante trabajo riguroso y solidario, ya que funciones tales como las de instituciones básicas para el funcionamiento óptimo de la sociedad que puede constituir esta nación, y se refiere a una sanidad, justicia, fomento, educación pública, agentes del orden..., así como a toda organización no gubernamental o asociación de compañeros que se organizaron para ofrecer soluciones y ayudas para todos los miembros de una comunidad que no se sientan representados por ningún gobierno.

Que no haya gobierno no significa que no haya instituciones que nos amparen socialmente y se puedan corromper, es así de simple y sencillo.

Todos los seres vivos que no se sienten representados por ningún gobierno y respeten tales normas como las de seguridad, tráfico, comercio y mercantiles, morales, comunitarias, civiles, medioambientales (animales y plantas) y compartan y respeten sus y los derechos de los demás son los que representan el Reino Anarquista de la Nada (ONG, tribus indígenas, asociaciones, particulares o colectivos, etcétera), los cuales podrán ser nombrados consulados.

Estos pueden representar los valores de la filosofía del Reino Anarquista de la Nada dentro de su espacio consular, libres de gobiernos, y ejercer sus plenos derechos de libertad con todo sentido moral, ya sea de forma singular o en colectivos, en toda su expresión.

6. Idioma

Ortografía y lenguaje

El Reino Anarquista de la Nada defiende una ortografía libre, es decir, normativa solo hasta el punto en que sonidos iguales pueden transcribirse por escrito de forma económica y libre, es decir, los fonemas que reflejen el mismo sonido podrán usarse indistintamente, siempre y cuando no provoquen confusión en el significado.

Así, una palabra como «kiosco» podría escribirse de cuatro formas diferentes sin provocar confusión en el significado.

Ejemplo:

Kiosco   Kiosko   Quiosco   Quiosko

La lengua oficial del Reino Anarquista de la Nada se dará como igualmente todas aquellas lenguas que expresen con precisión sus ideas a un grupo: en definitiva, cualquier medio de comunicación que logre expresar con éxito las ideas que quiera expresar será considerada lengua válida de comunicación en el reino.

Que el emisor del discurso y el receptor del mensaje tienen que tener en común la lengua o dialecto.

Ejemplo:

Castellano Inglés Mapuche Calé Árabe Francés Chino

Incluso fenómenos como la dislexia, que interfieren en la comunicación, podrían constituir una lengua de comunicación válida, siempre y cuando expresara las ideas a comunicar de una forma eficaz. Así como el «castellano con dislexia» también podría considerarse una lengua oficial del reino.

Lo fundamental es una comunicación verdadera entre ciudadanos comunes dentro de unas sociedades y culturas iguales o diferentes.

7. Simbología

Bandera

La bandera oficial del Reino Anarquista de la Nada está formada por una A de «anarquía» negra sobre fondo azul cielo. El negro y el azul cielo son los principales colores que se observan a simple vista si se contempla el Reino Anarquista de la Nada desde una óptica terrestre.

Además, el azul cielo también reivindica el espíritu humanista del reino al ser el color de la Facultad de Filosofía y Letras. La A mayúscula en negro refleja principios anarquistas.

Actualmente, la bandera ondea en la embajada del Reino Anarquista de la Nada.

Anarcos

Moneda: anarco anarcos

El anarco es la moneda oficial no vinculante del Reino Anarquista de la Nada. Es una moneda simbólica o tótem y exclusiva de la nación. Es un medio de pago que funciona como un trueque.

(El anarco no está sostenido por patrón oro ni por ninguna cadena con valor económico, es decir, solo los que acepten a título personal podrán hacer trueque).

El anarco se puede utilizar para recompensar favores y ayudas personales de todo tipo y de forma internacional.

Ejemplos:

-Bajar la bolsa de basura.

-Llevar o acompañar a un enfermo a un centro de salud.

-Cocinar o alimentar a personas necesitadas.

El valor de cada anarco es de uno (1 anarco) y se ha hecho una tirada limitada inicial y es distribuida por todos los que acepten ayudar o ser ayudados por los que dispongan de dicha moneda.

Entendemos el anarco como una moneda simbólica de solidaridad y ayuda funcional, acorde con el espíritu humanista y anarquista.

Himno

El himno oficial del Reino Anarquista de la Nada es un momento de absoluto silencio, acorde con el espacio vacío que encarna la Nada, ya que no hay sonido y el silencio representa el vacío que hay en el espacio territorial.

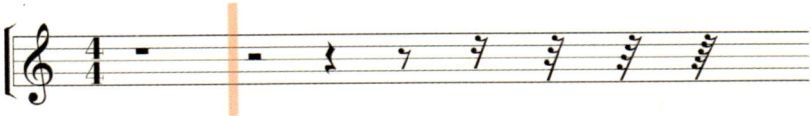

Matasellos timbre o estampa oficial

Todo comunicado oficial por escrito de la embajada del Reino Anarquista de la Nada irá estampado originalmente por el matasellos, timbre o estampa del reino. Y llevará la firma del rey. Ejemplos: reconocimientos, credenciales, cartas, comunicados...

8. Funciones diplomáticas

Las funciones diplomáticas marcadas en acta notarial de manifiesto, según el Convenio de Viena del 23 de mayo de 1969 sobre derechos de tratado de Estado y organizaciones internacionales o entre orden judicial nacional, ejercerá funciones diplomáticas directas en calidad de rey o jefe de Estado.

En la interpretación de la presente convención se tendrá en cuenta su carácter internacional y la necesidad de promover la uniformidad en su aplicación y de asegurar la observancia de la buena fe en el comercio internacional.

Artículo 7. Convenio de Viena.
Codifica con vocación universal las cuestiones esenciales del proceso de celebración y entrada en vigor de los tratados internacionales celebrados entre Estados, así como su observancia, aplicación e interpretación.

Artículo 5. Convenio de Viena.
Un tratado deberá interpretarse de buena fe conforme al sentido corriente que haya de atribuirse a los términos del tratado en el contexto de estos y teniendo en cuenta su objeto y fin.

Artículo. 31 Convenio de Viena

ÁMBITO TERRITORIAL DE LOS TRATADOS: Un tratado será obligatorio para cada una de las partes por lo que respecta a la totalidad de su territorio, salvo que una intención sea diferente de él o conste de otro modo.
Artículo 29. Convenio de Viena.
Artículo 41. Convenio de Viena.

NORMA GENERAL CONCERNIENTE A TERCEROS ESTADOS: Un tratado no crea obligaciones ni derechos para un tercer Estado sin su consentimiento.
Artículo 34. Convenio de Viena.
Artículo 36. Convenio de Viena

Funciones diplomáticas básicas:

— Representar El Reino Anarquista de la Nada, sus intereses y los seres que representan su filosofía.

— Negociar con la o las naciones de los Estados receptores.

— Fomentar las relaciones de ayudas amistosas en favor, culturales, social, ambiental y científicas entre ambos.

— Reconocimientos meritorios gratos y dignos, así como rechazos a conductas y actos no gratos e indignos.

— Concesión de consulados para hacer llevar cumplidamente la filosofía, principios y valores del Reino Anarquista de la Nada.

— Certificar obtención del derecho de asilo.

— Servicios de mediador y observador electoral y en conflictos.

NOSOTROS LOS PUEBLOS DE LAS NACIONES UNIDAS

resueltos

a preservar a las generaciones venideras del flagelo de la guerra, que dos veces durante nuestra vida ha infligido a la humanidad sufrimientos indecibles,

a reafirmar la fe en los derechos fundamentales del hombre, en la dignidad y el valor de la persona humana, en la igualdad de derechos de hombres y mujeres y de las naciones grandes y pequeñas,

a crear condiciones bajo las cuales puedan mantenerse la justicia y el respeto a las obligaciones emanadas de los tratados y de otras fuentes del derecho internacional,

a promover el progreso social y a elevar el nivel de vida dentro de un concepto más amplio de la libertad,

y con tales finalidades

a practicar la tolerancia y a convivir en paz como buenos vecinos,

a unir nuestras fuerzas para el mantenimiento de la paz y la seguridad internacionales,

a asegurar, mediante la aceptación de principios y la adopción de métodos, que no se usará la fuerza armada sino en servicio del interés común, y

a emplear un mecanismo internacional para promover el progreso económico y social de todos los pueblos,

hemos decidido aunar nuestros esfuerzos para realizar estos designios

Por lo tanto, nuestros respectivos Gobiernos, por medio de representantes reunidos en la ciudad de San Francisco que han exhibido sus plenos poderes, encontrados en buena y debida forma, han convenido en la presente Carta de las Naciones Unidas, y por este acto establecen una organización internacional que se denominará las Naciones Unidas.

NACIONES UNIDAS

Mediante estas credenciales se procede a la firma, ratificación y adhesión que constituye que el Estado indicado (Reino Anarquista de la Nada) da su total consentimiento en obligarse por un tratado, acepta la oferta o la posibilidad de formar parte del tratado ya negociado y firmado o futuro tratado por otros Estados de la Organización de las Naciones Unidas y así queda constituido.

YONA: rey del Reino Anarquista de la Nada

Una vez ya concluida, firmada y ratificada estas credenciales, quedan adheridas la carta magna de las Naciones Unidas para que gobiernos, naciones y lectores consideren y valoren (satírico, filosófico, singular, inclasificable, productivo, moral, con mucho sentido común, etcétera) como mejor les convenga.

Lo justo y legal no son la misma cosa (lo puede corroborar cualquier juez), pero esta nación y credenciales son legales, guste o no guste, a dirigentes políticos de diferentes naciones.

La finalidad de las credenciales del Reino Anarquista de la Nada es considerar que cada individuo es su propio rey, que puede autogobernarse con respeto a sus semejantes.

No eres invisible, tienes mucho valor, respeto, admiración y decisión, pero sobre todo tienes libertad.

Tú puedes representar estas credenciales.

«Vive libre y deja vivir en libertad».

Posdata: Todavía no está claro en quién se abdicará, puede que seas tú...

Índice